# QUELQUES MOTS

## SUR LES

# COLONIES FRANÇAISES

**Par le C<sup>te</sup> de T.-M.**

JOIGNY

IMPRIMERIE HAMELIN-ZANOTE

1882

# QUELQUES MOTS

## SUR LES

# COLONIES FRANÇAISES

### Par le Cte de T.-M.

JOIGNY

IMPRIMERIE HAMELIN-ZANOTE

1882

# QUELQUES MOTS

SUR LES

# COLONIES FRANÇAISES

## AU LECTEUR,

Ayant eu l'occasion de séjourner longtemps aux Colonies, tant aux Antilles qu'en Cochinchine, en Algérie et dans les deux Amériques, j'ai été à même de me rendre compte du mode de colonisation de ces divers pays, j'ai pu constater que la situation des Colonies françaises était mauvaise, et que l'administration, malgré les plus louables efforts, n'obtenait qu'un résultat presque négatif.

Dans mon opinion, j'ai été assez heureux pour me trouver en communion d'idées avec l'un de nos économistes les plus remarquables, un maître en la matière, M. Courcelle-Seneuil. Sa haute appréciation, publiée dans le *Dictionnaire Politique* sur le sujet dont j'ai l'honneur d'entretenir le lecteur, m'a paru devoir être la meilleure préface à cet opuscule. Je copie donc simplement les passages qui ont des rapports directs avec le projet de colonisation que je me propose de développer plus loin :

« Cependant la continuité de l'occupation du même pays par la civilisation
» européenne, l'épuisement des richesses naturelles, et quelquefois les évène-
» ments politiques imprévus, ont changé le caractère des Colonies modernes.
» Partout, des intérêts permanents se sont créés et, par une loi naturelle, ont
» provoqué l'indépendance. C'est ainsi que presque toutes les Colonies du
» continent américain se sont séparées de leur Métropole et sont devenues des
» nations indépendantes.

» Les Colonies insulaires n'ont point eu la même force pour secouer le
» joug. Elles sont restées soumises. Le régime sous lequel elles vivent est plus
» ou moins oppressif, suivant le caractère du gouvernement auquel elles

» obéissent. Elles sont en tutelle et si elles ne sont plus exploitées en détail (1)
» comme autrefois, elles le sont encore par des lois de douane qui ne sont
» faites ni par elles ni pour elles.

» Telles sont les Colonies intertropicales de la France. Débris du vaste sys-
» tème conçu par nos hommes d'État des deux derniers siècles, elles souffrent
» des abus que le régime ancien avait introduits et surtout de leur déplorable
» organisation sociale. Leurs rapports avec la mère patrie présentent un
» système si défectueux que beaucoup de personnes n'ont pas hésité à déclarer
» qu'il était également préjudiciable à la France et à ses Colonies. Les écono-
» mistes sont allés plus loin: ils ont soutenu que toute pensée de colonisation
» était absurde et insensée.

» Nous ne défendrons point ici notre régime colonial ni les grands hommes
» d'État qui l'ont préparé. Nous convenons des abus de ce régime et nous
» pensons qu'il appelle des réformes radicales. Mais si nous voulions le juger
» historiquement nous rappellerions que, dans la longue lutte soutenue par la
» France contre l'Angleterre, notre patrie a succombé, qu'elle a subi la dure
» loi du vainqueur, et nous lui conseillerions de ne renoncer à ses Colonies
» que lorsqu'elle aurait renoncé à réparer sa défaite.

» Ce n'est point par les résultats qu'a eus le système colonial pour la France
» qu'il faut le juger, mais par les avantages qu'il a procurés à l'Angleterre
» victorieuse. Qui oserait dire que l'Angleterre ne doit pas à ses Colonies
» sa puissance maritime? Et si son pavillon ne dominait toutes les mers, que
» serait-elle? Une puissance de troisième ordre (2). La France après sa défaite
» est encore une puissance de premier ordre : que serait-elle si elle régnait
» sur les mers ?

» Les économistes, il est vrai, ont calculé que tout compte fait, les Colonies
» de l'Angleterre lui ont plus coûté que rapporté. C'est ainsi que sa banque
» la ruine depuis un siècle et demi, ce qui n'empêche pas l'Angleterre d'être
» prépondérante dans les cinq parties du monde. Il est fâcheux que dans leurs
» calculs les économistes aient oublié d'évaluer à une somme ronde l'empire
» des mers.

» Quant à la France, si elle conserve encore quelques vaisseaux marchands,

(1) Si elles ne sont plus exploitées comme autrefois par les agents du gouvernement,
souvent peu scrupuleux à cette époque, elles le sont cependant encore par l'initiative
privée de certains spéculateurs.  Cᵗᵉ de T.-M.

(2) L'Angleterre doit évidemment la mise en valeur de ses Colonies à la compagnie des
Indes, qu'elle a protégée et patronnée par tous les moyens dont elle disposait jusqu'au
moment où elle a pu s'en passer. (Voir Compagnie des Indes, *Dictionnaire Politique*,
page 459.)  Cᵗᵉ de T.-M.

» si l'incurie du gouvernement, le vice des lois et des réglements lui laissent
» encore assez de matelots pour armer ses vaisseaux de guerre, c'est à ses
» Colonies qu'elle le doit.

» Les économistes ont fait mieux encore : ils ont soutenu que toute Colonie,
» tout système de colonisation étaient absurdes. Cette doctrine ne doit pas
» étonner. Ne s'est-il pas trouvé des docteurs pour enseigner que c'est folie à
» l'homme de se reproduire parce que l'éducation des enfants est coûteuse?
» Comment auraient-ils permis à une nation ce qu'ils ont refusé à l'individu ?

» Mais qu'importent leurs théories? Le besoin de coloniser n'est point pour
» une nation grande et forte une fantaisie passagère. Tout peuple tend à se
» développer, non-seulement par l'accroissement rapide de la population,
» mais par ce sentiment instinctif d'ambition et de mouvement qui est le
» caractère le plus noble et le plus éminent de l'âme humaine. Ce besoin peut
» se satisfaire un instant par le commerce et l'industrie (1). Mais l'industrie
» et le commerce ne se suffisent pas à eux-mêmes: ils réclament l'espace;
» l'activité d'une nation ne saurait demeurer enfermée dans ces étroites limites;
» elle se déploie par les voyages et les découvertes, par la guerre et par la
» conquête, par les perfectionnements politiques et par la colonisation.

» La colonisation est la forme la plus louable et la plus glorieuse de la con-
» quête; c'est le moyen le plus direct de propager la civilisation. Elle est toujours
» utile, mais il est des circonstances qui la rendent particulièrement néces-
» saire. Ainsi, lorsque les douceurs d'une longue paix énervent les peuples et
» multiplient rapidement les hommes, lorsque le monde est en proie à une
» concurrence effrénée, véritable guerre industrielle, lorsque les âmes les
» plus hardies et les plus énergiques, emprisonnées dans un espace étroit, sont
» condamnées à se consumer sans profit et sans gloire, où à faire de leurs
» facultés un usage funeste lorsqu'une immense corruption résulte d'une trop
» longue stagnation, comme nous le voyons aujourd'hui en France, quoi de
» plus utile que d'ouvrir un vaste débouché à toutes les formes de l'activité
» nationale.

» Non, ce n'est pas en vain qu'une nation multiplie le type de civilisation
» qu'elle représente, qu'elle crée des nations nouvelles destinées à perpétuer
» sa langue et ses souvenirs et la gloire de son nom. Les Colonies lui sont utiles
» parce qu'elles étendent ses relations commerciales et maritimes, parce
» qu'elles lui créent des alliés durables si une injuste oppression ne sème des
» haines contre nature. Un peuple dont l'organisation politique est fondée sur
» la justice peut seul tirer d'une Colonie toute l'utilité qu'elle peut procurer,
» parce que lui seul peut la traiter avec justice.

(1) On pourrait ajouter aujourd'hui : et par les jeux de bourse.          Cᵗᵉ de T.-M.

» Donc un nouveau système de colonisation est nécessaire. Celui des seizième,
» dix-septième et dix-huitième siècles est vieilli. Celui des anciens ne convient
» plus à l'état du monde. La terre est trop bien explorée, les peuples européens
» sont trop forts et les instruments de leur puissance ont trop de portée pour
» qu'une Colonie naissante se puisse passer de protection. Cette protection, la
» Métropole peut la lui accorder au prix de médiocres avantages, mais elle
» doit lui laisser la liberté qui seule peut développer rapidement la richesse et
» la puissance, qui manquent ordinairement à une société de création
» récente.

» Toutes les fois qu'une nation prétendra gouverner à une grande distance,
» elle gouvernera mal, surtout avec nos préjugés bureaucratiques. Elle oppri-
» mera la Colonie et la Colonie périra, ou secouera le joug dès qu'elle le
» pourra. Mieux vaut prévoir son indépendance et la préparer.

» C'est ce que la France pourrait faire à Alger, si l'on voulait sincèrement
» coloniser l'Algérie (1).

» Les tentatives de colonisation sont ordinairement accompagnées de tâton-
» nements et d'efforts, mais il vaut mieux s'y exposer que de ne rien faire.
» L'Angleterre a commis bien des fautes dans ses Colonies; elle y a commis
» bien des crimes surtout dans celles qu'elle doit à la conquête; mais si quel-
» que chose peut l'absoudre, c'est sa persévérance à créer, même au prix
» d'énormes sacrifices, des établissements nouveaux. Ses Colonies au moyen
» desquelles elle a pu se développer sur le monde entier, ses Colonies qui sont
» aujourd'hui le plus solide appui de sa puissance, seront un de ses plus beaux
» titres de gloire aux yeux de la postérité.

» COURCELLE-SENEUIL. »

Je ne désire tirer aucun avantage pécunier de mon idée ; mon seul vœu est
que des hommes spéciaux soient chargés de l'étudier, de l'élucider, et que
plus tard des hommes d'action soient mis à la tête de cette vaste entreprise.
Son exécution me parait être la seule voie de salut pour les Colonies. Le gouvernement de la République se doit de les rendre enfin prospères, utiles à la
Métropole, de préparer leur autonomie tout en y conservant à la France sa
prépondérance absolue.

C<sup>te</sup> de T.-M.

(1) Et à plus forte raison en Cochinchine ; il serait facile de conquérir définitivemen
la Cochinchine et d'attaquer le Tong-King à la pioche, plus facile que de les annexer à
coups de fusil.                                                        C<sup>te</sup> de T.-M.

# DES COLONIES FRANÇAISES

**Du moyen d'arriver à leur mise en valeur.
De l'emploi aux Colonies des nouveaux
systèmes financiers actuellement usités
dans la Métropole.**

Quels que soient les progrès qu'on a obtenus au
prix des plus grands sacrifices et des plus longs
efforts, il est un fait indéniable : c'est que les
Colonies françaises végètent et sont encore une
non-valeur pour la Métropole.

J'ai longtemps étudié les moyens de remédier à
ce fâcheux état de choses, et ce sont les résultats
pratiques de mes réflexions et de mes observations
que je vais tâcher d'exposer le plus clairement et le
plus succinctement possible.

Les Colonies françaises occupent une superficie
d'environ un million deux cent mille kilomètres
carrés et ne sont peuplées que d'environ quinze
millions d'habitants, chiffre sur lequel les Européens ne comptent que pour un douzième environ (1). Il faut ajouter que plus de la moitié de
cette vaste superficie est en friche. Dans toutes les
Colonies, il y a peu de routes, point de canaux, et
dans aucune, l'Algérie exceptée, il n'existe de
voies ferrées.

(1) Ces chiffres approximatifs, écrits de mémoire, ont
besoin d'être vérifiés ; je ne dispose pas des facilités
nécessaires pour les donner exacts. Je suis néanmoins
certain qu'ils sont au-dessous de la réalité.

La France, qui n'a qu'une surface de cinq cent quarante mille kilomètres carrés, nourrit plus de trente-sept millions d'habitants; la disproportion est par trop grande et il me parait hors de doute qu'au moyen de dispositions que je vais indiquer, on arriverait facilement à mettre en valeur un sol vierge et qui ne demande que des bras pour produire d'abondantes récoltes.

Quelle est donc la cause de l'insuccès relatif de le colonisation française?

La plupart du temps, les immigrés aux Colonies sont sans ressources ou à peu près; les premiers travaux toujours onéreux ont bientôt épuisé le peu qu'ils possèdent, il faut alors qu'ils empruntent à des taux usuraires, ils se grèvent peu à peu, et bientôt, hors d'état de remplir leurs engagements, de deux choses l'une : ou ils travaillent sans goût et sans vigueur, sans espoir de se libérer, ou ils abandonnent à leurs créanciers leur concession prête à leur donner enfin des résultats (1).

Dans sa sollicitude, le gouvernement de la République a fait de nombreux efforts pour améliorer la situation coloniale : il a autorisé et protégé l'établissement de Crédits coloniaux, il a aidé les Colons par tous les moyens moraux et pratiques dont il disposait, mais il lui appartient de faire plus encore; s'il considère que ces remèdes ont été insuffisants, ne doit-il pas sortir de la période d'aide aux Colonies, période que j'ai entendu qualifier par quelques Colons de : *Période de Commisération*, pour entrer dans la période d'activité directe de colonisation.

Voici donc le moyen que j'ai l'honneur de lui soumettre pour arriver à ce résultat :

(1) C'est ainsi qu'en Algérie, les prêteurs d'argent sont devenus les plus importants propriétaires fonciers et finalement les meilleurs. Je n'y verrais point d'inconvénient si ce n'était une raison de découragement absolu pour les Colons.

Il serait créé, sous le contrôle et la surveillance de l'Etat, une grande Société, dont les statuts pourraient, par exemple, s'inspirer de ceux du Crédit Foncier de France.

Cette Société serait autorisée à recruter par voie d'engagement volontaire des régiments de Pionniers coloniaux, qui seraient dirigés sur tel ou tel point des Colonies françaises selon les besoins du moment. Ils défricheraient le sol et le mettraient en bon état de culture.

Ces régiments seraient soumis au régime et à la discipline militaire.

Ils comprendraient en outre des compagnies d'ouvriers de métiers (organisées d'après le système des anciennes compagnies hors rang des régiments), tels que maçons, charpentiers, couvreurs, menuisiers, forgerons, etc., etc., qui, pendant que les Pionniers défricheraient, construiraient sur un modèle uniforme des maisons d'habitation, des granges et des étables.

Le jour où les bâtiments d'exploitation seraient construits, le sol défriché et le grain mis en terre, la Compagnie aurait le droit de donner aux aspirants Colons la concession d'une ferme aux conditions suivantes :

La Compagnie, pour se rembourser de ses frais de défrichement, de construction et d'installation, et d'après un traité à faire avec une des grandes compagnies de Crédit Foncier, lui emprunterait sous sa garantie, au nom du concessionnaire et avec première hypothèque sur la concession, une somme de X, amortissable en soixante, cinquante ou quarante années au taux de X pour cent (1).

La Compagnie pourrait cependant, sur l'avis du Conseil d'administration, demeurer créancière avec

---

(1) Il y aurait là une moyenne à établir, les premières concessions devant coûter beaucoup plus à aménager que les suivantes.

privilège de vendeur, d'une somme de X, de la valeur de la concession, amortissable en X années.

Le concessionnaire serait ainsi libéré vis-à-vis de la Compagnie. Dans le premier cas, la Compagnie devrait, dans ses traités avec les Compagnies du Crédit Foncier, se réserver un demi pour cent en sus des annuités d'amortissement, et dans le second l'amortissement serait calculé à raison d'un bénéfice d'un demi pour cent en sus, pour sa responsabilité et ses risques.

Dans les concessions plantées en caféiers, vignes, cotonniers et en un mot en diverses plantations ne rapportant qu'au bout de 3, 4 ou 5 ans, les 3, 4 ou 5 premières annuités resteraient hypothéquées avec le capital dû, et le Colon ne commencerait à payer ses annuités que lorsque ses plantations arriveraient à leur rapport.

L'État s'engagerait à ne plus accorder de concession sans passer par la Compagnie.

Le concessionnaire aurait le droit de vendre sa concession aux mêmes conditions que les propriétés situées en France et grevées d'une hypothèque au profit du Crédit Foncier, mais seulement après cinq ans de jouissance, et avec le contre-seing de la Compagnie.

Le recrutement des Pionniers coloniaux serait fait sans distinction de nationalité, pour les Européens.

L'engagement serait de cinq ans, renouvelable sans prime, mais avec une haute paye.

Tous les six mois, les chefs de brigades pourraient présenter au Conseil d'administration une liste de Pionniers proposés pour devenir concessionnaires de fermes plus ou moins importantes, suivant leur bonne conduite, leur travail et leurs aptitudes.

Des concessions de plus ou moins grande valeur leur seraient accordées, mais à la condition *sine qua non,* s'ils étaient de nationalité étrangère, d'obtenir leur naturalisation française.

Tout individu jouissant en France de ses droits civils pourrait obtenir une concession ; il en serait de même des étrangers n'ayant subi aucune condamnation (1).

Cependant, en cas de surabondance de demandes, la préférence serait donnée aux Pionniers coloniaux proposés par leurs chefs.

Tout concessionnaire serait autorisé à se libérer vis-à-vis de la Compagnie par anticipation et en un seul paiement.

Des officiers de la marine et de l'armée pourraient être détachés de leurs corps pour être employés aux Pionniers coloniaux dans des conditions analogues à celles des officiers de la Marine détachés aux Messageries maritimes.

L'inspection des concessions serait faite conjointement par un employé de la Compagnie et un inspecteur désigné par l'Etat.

Les Pionniers coloniaux auraient le transport gratuit à bord des navires de l'Etat, leurs vivres seraient pris aux magasins de l'Etat, à titre remboursable. Cependant, toutes les fois que les Pionniers seraient réquisitionnées par l'Etat, leur solde et leur nourriture seraient à sa charge.

La Compagnie aurait en outre le droit d'adjoindre aux Pionniers coloniaux pendant la durée des travaux dans telle ou telle colonie, des indigènes enrôlés par le même mode de recrutement, soumis aux mêmes règlements et aux mêmes conditions que les Pionniers coloniaux.

_________

(1) Tout étranger pourrait, sans être incorporé dans les Pionniers coloniaux, obtenir une concession à la seule condition de se faire naturaliser Français dans un délai maximum d'un an, cette condition serait une clause absolument résolutoire pour le contrat de concession.

Des Pionniers coloniaux pourraient être détachés des corps et mis à la disposition des anciens Colons, en cas d'insuffisance de main-d'œuvre dans la Colonie au moment des récoltes ou de la mise en culture (1).

Tout Pionnier colonial qui aurait servi pendant vingt ans la Compagnie comme sous-officier, caporal ou soldat, aurait droit à une concession de vingt hectares au moins et de quarante hectares au plus, y compris les bâtiments d'habitation et d'exploitation, aux conditions sus-énoncées, et à une prime en argent.

Les officiers seraient appelés, au bout de vingt ans de services, à opter entre une retraite en argent ou une concession dont l'importance se calculerait en raison de leur grade et des services rendus.

En cas de guerre dans la Colonie, les régiments de Pionniers coloniaux pourraient, sur une simple réquisition de l'Etat, être mis à sa disposition pour la défense des concessions et des Colons; dans ce cas, l'Etat se chargerait de leur armement et de leur solde.

Le gouverneur et le sous-gouverneur de la Compagnie seraient nommés par l'Etat, par décret du président de la République et révocables dans les mêmes conditions.

Une Société d'études serait d'abord créée, soit par l'Etat, soit par l'initiative privée, au capital de X, divisé en X parts de fondateurs.

Cette Société aurait pour but d'étudier les voies et moyens de réaliser cette grande opération et de fonder la Société d'exploitation.

(1) Sans bénéfice aucun pour la Compagnie; leur solde et leur nourriture seraient seulement à la charge des Colons pendant la durée des travaux.

## INTÉRÊT DE L'ÉTAT A LA CRÉATION DE
### LA COMPAGNIE

La Compagnie créant en quelques semaines des propriétés véritables, susceptibles de produire immédiatement, ces propriétés pourraient au bout de peu d'années être soumises à l'impôt foncier, il en résulterait que bientôt au lieu de coûter à l'État les Colonies lui rapporteraient.

L'État, pour arriver à marcher de concert avec la Compagnie, ferait établir le plus rapidement possible le cadastre colonial et se trouverait de ce fait à même de se rendre compte de la quantité énorme de terrains laissés comme non-valeur jusqu'à ce jour.

L'État pourrait diminuer progressivement les droits de douane qui sont une très lourde charge pour les Colonies, cela lui serait d'autant plus facile qu'il verrait les Colonies lui rapporter d'une autre façon. D'autre part, si le contrat de libre-échange a quelques raisons d'être, ce serait entre la Métropole et ses Colonies qu'il faudrait l'expérimenter.

La Compagnie aurait une durée limitée avec retour à l'État et facilité de rachat anticipé comme les Compagnies de chemins de fer.

### BÉNÉFICES DE LA COMPAGNIE

Il est évident que d'après le programme que je viens d'exposer, la Compagnie n'aurait pas de ressources suffisantes pour se suffire à elle-même, et à plus forte raison pour servir des intérêts à ses actionnaires; voici donc ce que je propose pour lui créer des ressources et ouvrir aux Colonies une ère de prospérité nouvelle:

La Compagnie serait secondée par les six annexes suivantes:

1re annexe. — Contentieux;

2e Warrantage des produits coloniaux aux Colonies, frets, chargements, consignation et vente;

3ᵉ Banque d'escompte des valeurs coloniales sur la Métropole, change, et *vice versa*.

4ᵉ Bourses des valeurs françaises aux Colonies et des produits Coloniaux en France. — Caisses d'épargne aux Colonies. — Assurances (1).

5ᵉ Exploitation des forêts, plantations diverses, reboisement des terrains conservés par la Compagnie à son profit comme capital de réserve. — Ponts et chaussées.

6ᵉ Cheptels coloniaux.

La première annexe n'aurait d'importance que pour la Compagnie elle-même dans ses relations avec l'Etat, les Colons et les Indigènes.

Ses ressources seraient augmentées forcément dans la pratique par la création de notaires coloniaux provisoires, dans les nouveaux centres.

La deuxième annexe, très importante au point de vue du rendement, embrasserait le Warrantage des produits coloniaux, c'est-à-dire les avances faites aux Colons établis et aux Colons nouveaux sur leurs récoltes. Les traités à faire avec les armateurs au point de vue du fret des navires de transport dont la Compagnie ferait baisser les prix, tout en augmentant de beaucoup le trafic, les consignations dans les ports de France et enfin la vente en gros à commission.

Toutes ces opérations se font en détail aujourd'hui par des banquiers et des commissionnaires, et sont pour eux la source de gros bénéfices. Les Colons accueilleraient cette innovation avec joie, car ils sont entièrement à la merci de quelques particuliers.

La troisième annexe consisterait dans l'escompte des traites coloniales sur la Métropole et *vise versa*

_______________

(1) Il pourrait être créé entre les Colons une assurance mutuelle avec caisse de réserve en cas de manque de récoltes.

à des taux fixés trimestriellement par le Conseil d'administration, taux équitables qui mettraient les Colons à l'abri des hasards de l'exploitation de banquiers trop pressés de faire fortune aux Colonies.

La quatrième annexe n'a pas besoin d'explications.

La cinquième annexe aurait à s'occuper des opérations foncières aux Colonies, opérations dirigées dans le but de créer à la Compagnie un capital foncier de réserve.

L'initiative de la construction et de l'installation des routes, canaux et chemins de fer, se centraliserait à la cinquième annexe.

La sixième annexe aurait à s'occuper de fournir aux Colons nouvellement établis les cheptels, dont les produits seraient la source d'un bénéfice considérable, ainsi qu'il arrive en France. Ce genre d'opération est trop connu pour que j'aie besoin d'insister.

La sixième annexe procurerait en outre aux ouvriers d'état qui s'établiraient dans la Colonie, l'outillage nécessaire à leur installation et cela à des conditions spéciales.

Je ne puis que répéter ce que j'ai dit à la fin de la préface de cet opuscule ; je ne désire qu'une chose, c'est que mon idée soit élucidée par des hommes spéciaux, aux idées larges, exempts de la vieille routine et que, si elle est jugée bonne, elle soit mise en pratique par des gens choisis par l'Assemblée nationale et par le gouvernement de la République.

C<sup>te</sup> de T.-M.

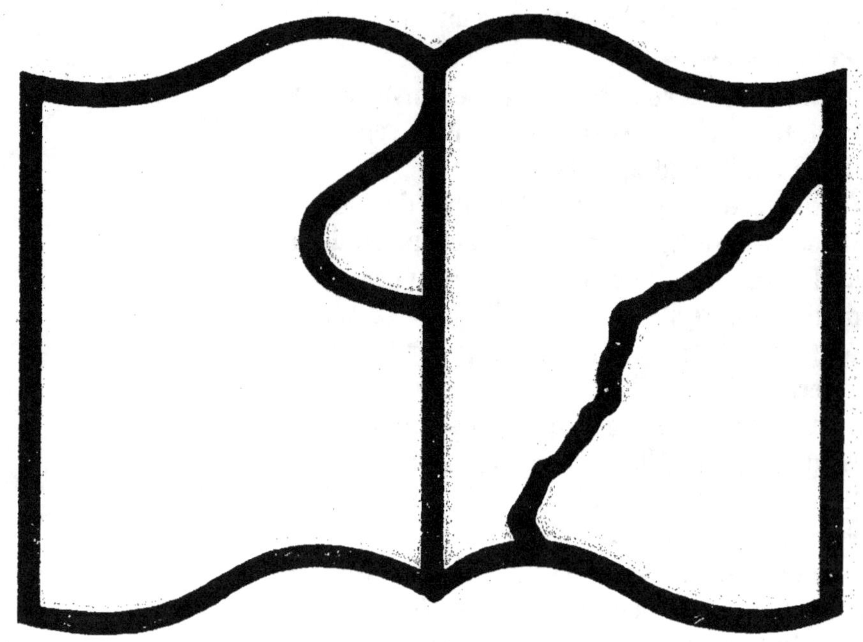

Texte détérioré — reliure défectueuse

**NF Z** 43-120-11

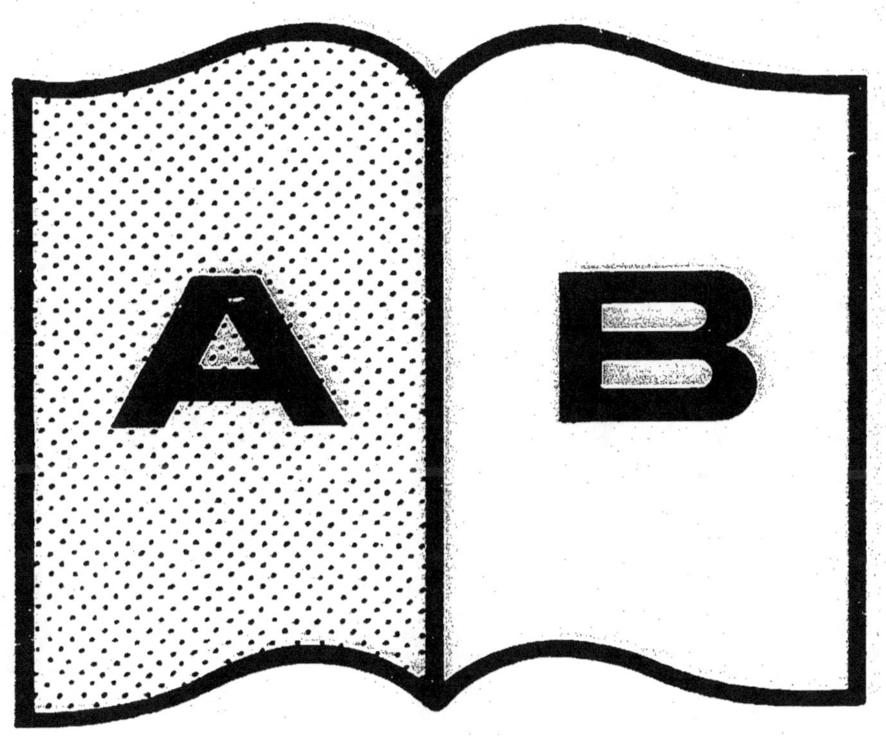


Contraste insuffisant

**NF Z 43**-120-14